ニチガクの家庭学習支援
Web学習サポートサービス

こんなこと…ありませんか？

「ニチガクの問題集…買ったはいいけど、、、
この問題の教え方がわからない（汗）」

メールでお悩み解決します！

☆ ホームページ内の専用フォームで必要事項を入力！

☆ 教え方に困っているニチガクの問題を教えてください！

☆ 確認終了後、具体的な指導方法をメールでご返信！

☆ 全国どこでも！スマホでも！ぜひご活用ください！

＜質問回答例＞

  学習のポイント

推理分野の学習では、後の学習に活きる思考力を養うことができます。ご家庭で指導する場合にも、テクニックにたよらず、保護者の方が先に基本的な考え方を理解した上で、お子さまによく考えさせることを大切にして指導してください。

Q.「お子さまによく考えさせることを大切にして指導してください」と学習のポイントにありますが、考える習慣をつけさせるためには、具体的にどのようにしたらいいですか？

A.お子さまが考える時間を持てるように、質問の仕方と、タイミングに工夫をしてみてください。
たとえば、「答えはあっているけど、どうやってその答えを見つけたの」「答えは○○なんだけど、どうしてだと思う？」という感じです。はじめのうちは、「必ず30秒考えてから手を動かす」などのルールを決める方法もおすすめです。

まずは、ホームページへアクセスしてください!!

http://www.nichigaku.jp　　日本学習図書　　検索

家庭学習ガイド
慶應義塾幼稚舎

運動　行動観察　制作　絵画　口頭試問

入試情報

応 募 者 数：男子 961 名　女子 623 名
出 題 形 態：ノンペーパー形式
面　　　　接：なし
出 題 領 域：運動、行動観察、制作・絵画、口頭試問

入試対策

2023 年度の応募者数は若干減少しましたが、社会情勢に関係なく当校の倍率は高倍率であり、付け焼き刃の対策ではよい結果は期待しにくい入試と言えるでしょう。合格の最大のポイントは、課題に対して好奇心を持ち、グループ内で積極的に、楽しく取り組むことです。理想を言えば、大勢の受験者の中で試験官に印象付ける「キラリ」と光るものをアピールすることですが、ただ目立とうとすると逆に悪印象を与えます。まずは、知的好奇心・技量・個性を育みながら、初対面の人と話すのに慣れることができる機会を生活の中で設け、個性をアピールできるだけのコミュニケーション術を学びましょう。

● 2023 年度の試験期間は 9 日間です。

●高倍率の中、ノンペーパー形式の入試で合格を勝ち取るにはそれなりの努力が必要ですが、知識を増やすというよりも、出会いの中で「話を聞く」「説明する」といったことに時間をかけてください。

● 2023 年度の入試では「行動観察」が行われました。

●制作の課題は絵画制作、切る、貼る等の工作が出題されています。

●絵を描いている最中にテスターから質問を受けます。絵の上手下手のほか、この受け答えも評価されるようです。

●制作の中には年齢なりの常識が備わっていないと難しいものがあります。机上の学習はともかく、生活体験を積み重ねることも大切です。

「慶應義塾幼稚舎」について

〈合格のためのアドバイス〉

かならず読んでね。

　　ノンペーパーの学校ほど、日常生活が合否に大きく関係してきます。特に、当校のように受験者数が多い学校ほど、「目を引く何か」が必要なのは言うまでもありません。

　　当校の場合、合格を勝ち取るためには、問われている内容、行動をそつなくこなせるだけでは足りません。大胆かつ積極的に楽しみながら取り組むことが要求されます。これは、お友だちとの関わり方、指示の聞き取り、ていねいに物事を進めることなど、日常生活の中で培われる要素ばかりです。

　　当校の特徴として、課題に入る前に体操着への着替えがあります。衣類の着脱は、日常生活の中で、何度もありますが、脱いだら畳む習慣を身に付けましょう。洗濯物を畳むお手伝いも、衣類を畳むことに慣れる方法の一つですので、ぜひ取り組んでください。どのようにしたらきちんと早く畳めるのか、ていねいさにも気を配り、しっかりと指導してください。

　　制作・絵画の課題では、創造力・発想力が求められます。もちろん制作や絵画に取り組み、工夫できる力を養う必要がありますが、子どもらしい自由な創造力も大事です。型にはめられ、そつなくこなすことよりも、大胆に創造力や発想力を発揮できるようにすることが大切です。使ったものの後片付けを身につけることも同様です。読み聞かせ、お話づくりなどにもたくさん取り組むことで創造力を育ててください。

　　質問に対する答え方ですが、言葉に詰まってしまったり、言い間違いを訂正しても評価には関係ありません。大切なことは、自分の考えをしっかりと伝えること、つまり、人の話を理解する力があり、積極的に物事に関わる姿勢を見せることなのです。

　　試験会場では、まず着替えた際に身に付ける印やゼッケンでグループ分けをされるので、自分がどのグループなのか把握しなければなりません。また、教室への移動の際にもお約束があり、試験課題も複雑な指示があります。答えるのに夢中になりがちですが、指示を聞いたりマナーを守ることも大切です。

　　当校の試験では、何よりもその指示通りに行動できることが重要です。人のお話をしっかりと聞き、理解する力を養い、個性を尊重し、子どもらしく活き活きと物事に取り組むように導いてください。

〈2023年度選考〉

- ◆運動テスト（集団）
- ◆制作・絵画・行動観察・口頭試問
- ◇試験が1週間以上に渡って行われるので、日によって多少試験内容は異なる。月齢が高くなるにつれて内容は難しいとされる。
- ◇面接はなし。

◇過去の応募状況

2023年度　男子 961名　女子 623名
2022年度　男子 978名　女子 700名
2021年度　男子 1,029名　女子 615名

入試のチェックポイント

- ◇受験番号は…「ランダムに決める」
- ◇生まれ月の考慮…「なし」

慶應義塾幼稚舎

過去問題集

〈はじめに〉

　　現在、少子化が叫ばれているにもかかわらず、私立・国立小学校の入学試験には一定の応募者があります。入試は、ただやみくもに学習するだけでは成果を得ることはできません。志望校の過去における出題傾向を研究・把握した上で、練習を進めていくこと、試験までに志願者の不得意分野を克服していくことが必須条件です。そこで、本問題集は小学校を受験される方々に、志望校の出題傾向をより詳しく知って頂くために、出題頻度の高い問題を結集いたしました。最新のデータを含む精選された過去問題集で実力をお付けください。

　　また、志望校の選択には弊社発行の「2024年度版　首都圏・東日本　国立・私立小学校　進学のてびき（4月下旬刊行予定）」をぜひ参考になさってください。

〈本書ご使用方法〉

◆出題者は出題前に一度問題を通読し、出題内容などを把握した上で、〈 準 備 〉の欄に表記してあるものを用意してから始めてください。

◆お子さまに絵の頁を渡し、出題者が問題文を読む形式で出題してください。問題を読んだ後で、絵の頁を渡す問題もありますのでご注意ください。

◆「分野」は、問題の分野を表しています。弊社の問題集の分野に対応していますので、復習の際の目安にお役立てください。

◆一部の描画や工作、常識等の問題については、解答が省略されているものがあります。お子さまの答えが成り立つか、出題者が各自でご判断ください。

◆〈 時 間 〉につきましては、目安とお考えください。

◆本文右端の［〇年度］は、問題の出題年度です。［2023年度］は、「2022年の秋に行われた2023年度入学志望者向けの考査で出題された問題」という意味です。

◆学習のポイントは、指導の際にご参考にしてください。

◆【おすすめ問題集】は各問題の基礎力養成や実力アップにご使用ください。

〈本書ご使用にあたっての注意点〉

◆文中に この問題の絵は縦に使用してください。 と記載してある問題の絵は縦にしてお使いください。

◆〈 準 備 〉の欄で、クレヨン・クーピーペンと表記してある場合は12色程度のものを、画用紙と表記してある場合は白い画用紙をご用意ください。

◆文中に この問題の絵はありません。 と記載してある問題には絵の頁がありませんので、ご注意ください。なお、問題の絵の右上にある番号が連番でなくても、中央下の頁番号が連番の場合は落丁ではありません。

下記一覧表の●が付いている問題は絵がありません。

問題1	問題2	問題3	問題4	問題5	問題6	問題7	問題8	問題9	問題10
●						●	●	●	
問題11	問題12	問題13	問題14	問題15	問題16	問題17	問題18	問題19	問題20
		●		●	●	●		●	●
問題21	問題22	問題23	問題24	問題25	問題26	問題27	問題28	問題29	問題30
●	●		●	●				●	●
問題31	問題32	問題33	問題34	問題35	問題36	問題37	問題38	問題39	問題40
●	●	●			●				●
問題41	問題42	問題43	問題44	問題45	問題46				
			●						

�得 先輩ママたちの声！

◆実際に受験をされた方からのアドバイスです。ぜひ参考にしてください。

慶應義塾幼稚舎

- 試験時間は合計で1時間40分ぐらいでした。読書などをして待機をしていらした方が多かったようです。

- 控え室は教室です。または校舎外で待つこともできます。

- 30分ほど早めに行ったほうが、トイレなどが混まなくてよいと思います。

- 体操服は「半袖・半ズボン」と指定されていますが、カラフルなものや襟のついたものなどさまざまでした。

- 受付の後入り口付近でしばらく待ち、数組集まった時点で控え室に案内されました。当日の流れが記載してある説明書きの用紙をいただき、着替えは後でと書かれてありましたが、控え室に入るとすぐに着替え始めた方がいらっしゃって注意されていました。

- 元気でも「４つの約束」しゃべらない、抜かさない、受験票を落とさない、マスクを外さないは、きちんと守ることが大切です。ふだんの躾が重要だと思います。

- 目立つことが最優先のような間違った対策をとらないよう注意しましょう。元気よく行なう中にも、けじめをしっかりつけることが必要です。

- 子どもにとってはとても楽しい試験だったようです。「遊び力」が試されるような試験でした。

- 日常生活の中で学べることを、親子で積極的に行っていくことが大切だと感じました。

- 記念受験のような方も中にはいるので、影響されないようにしてください。

- 日頃、外遊びや全身運動をやっておくとよいと思いました。

2023年度の最新入試問題

問題1　分野：常識（生活習慣）

〈 準 備 〉　体操着、巾着袋または風呂敷、運動靴

〈 問 題 〉　**この問題の絵はありません。**
　　　　　　体操着に着替え、運動靴に履き替えましょう。

〈 時 間 〉　適宜

〈 解 答 〉　省略

 学習のポイント

当日、体操着に着替えますが、もちろん、お子さんひとりで着替えることができるようにしておきましょう。着替えだけではなく、脱いだものをきちんと畳み、自分のものとして、巾着袋や風呂敷などにきちんとしまうことまでが求められます。巾着袋や風呂敷に畳んだものを収めるには、入れ方や包み方など慣れが必要です。靴の履き替えも、しっかり立ったまま、片方ずつ足を入れて履きましょう。かかと部分が潰れそうになったら、手を添えて履きましょう。日頃からの生活習慣がとても大切です。

【おすすめ問題集】
　　口頭試問最強マニュアル「生活体験編」、お助けハンドブック「生活編」
　　Jr・ウォッチャー30「生活習慣」

問題2 分野：準備体操

〈準 備〉 なし

〈問 題〉 **この問題は絵を参考にして下さい。**
準備体操をします。

①飛行機バランスをします。右足で立ったまま、両手を広げ、左足を後ろへ上げます。やめと言われるまで頑張りましょう。
②片足立ちをします。今度は、左足で立ちます。やめと言われるまで頑張りましょう。
③飛行機バランスをします。左足で立ったまま、両手を広げ、右足を後ろへ上げます。やめと言われるまで頑張りましょう。
④その場でジャンプします。「1，2、3」の3の時に、一番高く飛びましょう。3回繰り返します。
⑤指折りをします。両手を前に伸ばしてください。手のひらを、ドアを押すように体の前でパーに開きます。両手の親指から順番に、「ひとつ、ふたつ・・・」と声を出して曲げていきましょう。小指までいったら、次は、小指から立ち上げて、続きの数を声に出して、元の親指まで戻っていきましょう。

〈時 間〉 適宜

〈解 答〉 省略

 学習のポイント

移動の無い基本的な運動です。身体のバランスを観ますが、毎日の通学にあたって、とても重要な要素です。バランス体操は、体を揺らさず、その姿勢をしっかりと保とうとする意識がないと、どうしてもふらふらしてしまいます。さまざまな動きを丁寧に慎重にやろうとする気持ちが大切です。

【おすすめ問題集】
　Ｊｒ・ウォッチャー28「運動」、新 運動テスト問題集

問題3 分野：行動観察（サーキット）

〈準 備〉 ボール、的

〈問 題〉 **この問題は絵を参考にして下さい。**
①スタート地点で後ろ向きになり、足を延ばしたまま長座で待機します。
②スタートの合図で立ち上がり、前を向いて、全速で走ります。
③〇の地点に着いたら、的に向かい、ボールを投げます。
④折り返します。右ギャロップ（左足が前）、中央の線まで行ったら、今度は向きを変え、左ギャロップ（右足が前）で、ゴールまで行きます。

〈時 間〉 適宜

〈解 答〉 省略

学習のポイント

お手本の映像を見て覚えることと、頭の中で、動きのシュミレーションをすぐに行う必要があります。スピードだけではなく、機敏な動きや判断力なども必要になります。ただ、全てにおいて、一生懸命やろうとする気持ちが一番大切ではないかと思いますので、最後まで、躊躇することなく、自信をもって、しっかりとやり遂げましょう。ゴールでは、必ず、両手・両足を揃えた姿勢で終わらせましょう。

【おすすめ問題集】
　Ｊｒ・ウォッチャー28「運動」、新 運動テスト問題集

問題4　分野：行動観察（サーキット）

〈準　備〉　三角コーン（6個）、ボール、的、ゴム紐

〈問　題〉　**この問題は絵を参考にして下さい。**
　　　　　①スタート地点では、正面を向いて、足を延ばしたまま着座して待機します。
　　　　　②スタートの合図で、三角コーンをジグザクに走り、○の地点まで進みます。
　　　　　③○の地点にあるボールを、的に向かって投げます。
　　　　　④折り返しは、3つある三角コーンの間のゴム段を、跳ぶ、くぐる、跳ぶ、の順番で超えて、ゴールへ向かいます。

〈時　間〉　適宜

 学習のポイント

お手本を見て覚えることと、頭の中で、動きのシュミレーションをすぐに行う必要があります。スピードだけではなく、機敏な動きや判断力なども必要になります。ただ、失敗しても全てにおいて、一生懸命やろうとする気持ちが一番大切ではないかと思いますので、最後まで、躊躇することなく、自信をもって、しっかりとやり遂げましょう。ゴールでは、必ず、両手・両足を揃えた姿勢で終わらせましょう。

【おすすめ問題集】
　Ｊｒ・ウォッチャー28「運動」、新 運動テスト問題集

家庭学習のコツ① **「先輩ママのアドバイス」を読みましょう！**

本書冒頭の「先輩ママのアドバイス」には、実際に試験を経験された方の貴重なお話が掲載されています。対策学習への取り組み方だけでなく、試験場の雰囲気や会場での過ごし方、お子さまの健康管理、家庭学習の方法など、さまざまなことがらについてのアドバイスもあります。先輩ママの体験談、アドバイスに学び、ステップアップを図りましょう！

〈 準 備 〉　三角コーン（１個）、ボール、的

〈 問 題 〉　この問題は絵を参考にして下さい。
　　　　　　①スタートラインから三角コーンを回って、元のラインのところまで走ります。
　　　　　　②次は、折り返します。三角コーンに向かい、右足でケンケンをしながら、進み
　　　　　　　ます。
　　　　　　③中央のピンク色の線まで来たら、足を替えて、左足ケンケンで三角コーンまで進みま
　　　　　　　す。
　　　　　　④三角コーンに着いたら、置いてあるボールを的に向かって投げます。
　　　　　　⑤自分のやりやすい方の足で、ケンケンをしながら、始めのスタート地点まで進みま
　　　　　　　す。

〈 時 間 〉　適宜

 学習のポイント

最初の走りは、できるだけ全速力で走りましょう。肝心なのは、次の指示を忘れないこと
です。また、ケンケンするときの、自分の利き足が事前にわかっていることも重要です。
ケンケンをしている時の体勢や腕の振りなども目につきます。体はあまり揺らさず、腕は
走る時のように、曲げたままでできると良いでしょう。返りのケンケンでゴールまで片足
で進むには、やや苦しくなっているかもしれませんが、一生懸命な気持ちは必ず伝わりま
す。

【おすすめ問題集】
　　Ｊｒ・ウォッチャー28「運動」、新 運動テスト問題集

問題6　分野：制作（想像画）

〈 準 備 〉　ハサミ、ポンキーペン（12色）、のり、セロハンテープ、折り紙、マスキングテープ

〈 問 題 〉　この問題は絵を参考にして下さい。
　　　　　　すごろくを作ります。
　　　　　　①まずは、サイコロの図を線に沿ってハサミで切ります。
　　　　　　②ひとつの面には、自分の顔を描きます。その反対側になる面には、大きくなっ
　　　　　　　た時になりたい自分の絵を描きます。他の面は、自由な絵を描いて、ちょっと
　　　　　　　変わったサイコロを作りましょう。
　　　　　　③次に、すごろくを作ります。すごろくは、大きな□から始まります。そこには、何か
　　　　　　　をした時に失敗してしまった自分の顔の絵を描きましょう。途中の小さな□は、自由
　　　　　　　に絵を描いてください。最後のゴールの□には、成功した時の自分の顔の絵を描きま
　　　　　　　しょう。

〈 時 間 〉　15分

〈 解 答 〉　省略

学習のポイント

展開図からサイコロに仕上げた時の状態がわかっていないと、指示の通りに絵を描くことはできません。サイコロを立体的にする際の材料の中に、マスキングテープが含まれています。ここもポイントです。セロハンテープものりも貼り合わせる材料ですが、マスキングテープとの違い、つまり、マスキングテープを使って留める方の利便性、手でちぎれるので時短である、剥がして修正しやすい、などの特性を知っているかどうか、これも学校側の着目点でしょう。また、作業の途中で、先生方から質問されるので、その際は作業中といえども、手を止めて、先生の方を向き、きちんと受け答えできるよう指導しましょう。

【おすすめ問題集】
　　実践ゆびさきトレーニング①②③、
　　Ｊｒ・ウォッチャー22「想像画」、24「絵画」、58「マナーとルール」

問題7　　分野：制作（想像画）

〈 準 備 〉　画用紙、水性クレヨン（12色）

〈 問 題 〉　この問題の絵はありません。
世の中には、思いもよらないこと、みなさんの想像をはるかに超えることが時々起こりますね。例えば、突然の地震。地面や建物がぐらぐら揺れて怖いですね。でも素敵なこともあります。例えば、流れ星。高い山に行って夜空を見ると、流れ星を観ることができます。星が流れている間に、願いごとをすると願いが叶う、と昔から言われています。海に行ってみると、穏やかな波の時もあれば、気象の状況によっては、高い波、荒れた海を目にすることもあります。地球のエネルギーや不思議な出来事に驚くことが沢山ありますね。さて、みなさんは、見たことがないと思いますが、妖怪を知っていますか。もし、みなさんが妖怪に出会ったら、どうしますか。その妖怪は何をしていると思いますか。みなさんの想像する妖怪が、何かをしている様子を絵に描いてみてください。

〈 時 間 〉　15分

〈 解 答 〉　省略

 学習のポイント

このような問題には、正解はありません。これまでのお子さんの経験や知識から発展して、その場で生み出す力や、立ち向かう姿勢を学校側は期待しているものと思います。国内外問わず、昔話には、少し怖いと思われるお話が、いくつもありますね。そういったお話を元に、お子さんなりの自由な発想で描けるといいです。もちろん、楽しい妖怪でも良いのです。発想のより豊かなお子さんを学校は、求めています。当たり前ではない、自由で、個性的な独創性のある絵が描けるとよいと思います。この課題では、初めて水性クレヨンが材料として出されました。水でふき取ることができるので、一度使って慣れておきましょう。

【おすすめ問題集】
　　Ｊｒ・ウォッチャー22「想像画」、24「絵画」

| 問題8 | 分野：制作（想像画） |

〈 準 備 〉　画用紙、○シール、○△□などが書かれた台紙、ハサミ、のり、ポンキーペン（12色）

〈 問 題 〉　**この問題の絵はありません。**
　　　　　　シールや台紙に書かれた形を切り取り、画用紙に貼って、「誰も知らない秘密基地」の絵を仕上げましょう。

〈 時 間 〉　15分

〈 解 答 〉　省略

 学習のポイント

本校の特徴として、「不思議」「未来」「見たことのない」「宇宙」「ありえない」など、あまり身近ではない題材が、制作や絵画に使われることが多いです。この中で、今回の課題は、「秘密基地」です。いずれの課題も、個々の想像力や工夫する力などが試されています。スケールの大きい題材ですので、ダイナミックな発想を表現できるといいですね。また、その発想を元に制作したり、描くだけではなく、説明する力、訴える力も必要です。決して、知識や技術だけを求めているわけではないと思われます。

【おすすめ問題集】
　　Ｊｒ・ウォッチャー22「想像画」、24「絵画」

| 問題9 | 分野：制作（想像画） |

〈 準 備 〉　画用紙（1枚）、動物の絵が沢山書かれた画用紙（1枚）、額縁のように外枠だけ書かれた画用紙（1枚）、ハサミ、スティックのり、クレヨン（12色）

〈 問 題 〉　**この問題の絵はありません。**
　　　　　　①動物の絵が描かれた画用紙から、いくつか選んで切り取り、動物どうしを合体させて、こんな動物がいたらおもしろいなぁというような、今までに見たことのない動物を作りましょう。
　　　　　　②外枠だけ描かれた画用紙の外側だけ好きな色で塗り、額縁のように仕上げましょう。
　　　　　　③額縁の中に、自分で作った、見たことのない動物を貼りましょう。
　　　　　　④残りの画用紙には、人助けをしている絵を描きましょう。

〈 時 間 〉　15分

〈 解 答 〉　省略

学習のポイント

過去には、電化製品などを合体させた「見たことのない便利なもの」の課題が出されましたが、今回は、動物を合体させて「見たことのない動物」の制作の問題です。イメージ的には、ユニコーンでしょうが、また一味違う発想を求めていると思います。難しいのは、その後の「人助け」の絵です。この学齢で人助けをしたという感覚は、きっと持ち合わせたことがないでしょうが、泣いている子をなぐさめたり、落ちている財布を交番に届けたり、などの些細なことも人助けです。もっと大きなスケールで考えられるお子さんならば、医師としての働きや未開拓地での開拓や支援など、グローバルな絵が描けるかもしれません。日頃から、世界情勢のニュースを話して聞かせることで、視野が広がるでしょう。

【おすすめ問題集】
　　Ｊｒ・ウォッチャー２７「理科」

問題10　分野：行動観察

〈準　備〉　パズルの絵

〈問　題〉　この問題は絵を参考にして下さい。
　　　　　　パズルゲームです。パネルと同じカードを見つけて、一人ずつ、同じ場所にあてはめにいってください。

〈時　間〉　10分

〈解　答〉　省略

 学習のポイント

短時間で、左側の絵の位置を覚え、ひとりずつ走った先（上の絵）の中から、同じものを選んで、右側のパネルにはめていくゲームです。緊張があると、選んでいるうちに混乱してしまうかもしれません。記憶する力ともに、自信や度胸も必要になります。何事も自信を持ってできるようにするためには、日頃からお子さんがひとりでできることを増やすことです。そして、沢山褒められることです。自信は大きな力になります。危険が無い限り、お子さんを信じて見守りながら、自分ひとりでできることを増やしていきましょう。できても、できなくても、見守り、応援し、褒めることを忘れてはいけません。

【おすすめ問題集】
　　Ｊｒ・ウォッチャー22「見る聴く記憶」、46「回転図形」
　　苦手克服問題集「記憶」

問題11 分野：行動観察

〈 準 備 〉 形が描かれたカード

〈 問 題 〉 この問題は絵を参考にして下さい。
パズルゲームです。パネルと同じカードを見つけて、一人ずつ、同じ場所にあて
はめにいってください。

〈 時 間 〉 10分

〈 解 答 〉 省略

✏ **学習のポイント**

小集団で行われていますが、内容は、個別観察です。グループでの相談はありませんの
で、ひとりひとり見本を見てしっかり覚え、前の人が選んだ以外で、空いているマスを埋
めなくてはいけません。よって、待機中もしっかりと見本を覚えておく必要があります。
集中力・記憶力・判断力など、総合された力を試されることになります。

【おすすめ問題集】
　Ｊｒ・ウォッチャー22「見る聴く記憶」29「行動観察」
　苦手克服問題集「記憶」

 問題12 分野：行動観察

〈 準 備 〉 プラレール、魚釣りゲーム、オセロゲーム、吹き流しなど。

〈 問 題 〉 この問題は絵を参考にして下さい。
ここにあるもので、自由に遊びましょう。ただし、「大声は出さない」「走らな
い」「けんかはしない」が、お約束です。

〈 時 間 〉 10分

〈 解 答 〉 省略

✏ **学習のポイント**

ここでは、自由遊びの課題ですので、子どもらしく、夢中になって遊ぶことが一番です。
始めに言われたお約束を忘れずに行うこと、どのコーナーで遊ぶにしても、ひとりだけで
楽しむのではなく、お友達に声掛けをして、「けんかをせず」に遊べるといいでしょう。
お約束では、「大声を出さない」なので、マスクをした上での声掛けであれば、学校側も
「どうぞ」ということです。お友達と、「次は、どれで遊ぼうか。」などの相談ができる
と、より良いでしょう。もしくは、一か所で、相談しながら、徹底的に工夫を凝らした遊
びができるかどうかも、期待されていると思います。吹き流しを、どのようにして遊ぶ
か、これも観察すべき点です。

【おすすめ問題集】
　Ｊｒ・ウォッチャー「行動観察」

〈 準 備 〉　　なし

〈 問 題 〉　　**この問題の絵はありません。**
　　　　　　　①自由記入欄（志望理由、志願者の様子、家庭の方針等。）
　　　　　　　②お子さまを育てるにあたって、「福翁自伝」を読んで感じるところをお書きく
　　　　　　　　ださい。

〈 時 間 〉　　適宜

 学習のポイント

自由記入欄ですが、カッコ内にかかれている順番で、まずは簡潔明瞭に書きましょう。願
書を書くにあたっては、伝えたいこと、エピソード、親の思いや願いなど、項目別に概要
をまとめておくと良いと思います。ご自身やご家庭を主張するのではなく、学校側の思い
や方針など、全ての土台になっている「福翁自伝」を熟読され、学校側の求めている生徒
像やご家庭の在り方を考えながら、ご自身の言葉で書かれると良いでしょう。

【おすすめ問題集】
　　新　願書/アンケート文例集500、知っておくべき125のこと
　　育ては「親育」、子どもの帝王学

問題14　分野：運動（サーキット運動）

〈準備〉　三角コーン、ゴムひも

〈問題〉　この問題は絵を参考にしてください。
これから見本を見せますので、その通りに真似をしてください。
①スタートの白い線のところで、うつ伏せになってください。
②「ヨーイドン」と言ったら起き上がって、走ってコーンを回ってかえってきてください。
③走って、コーンを回って、ゴム段を3つ跳んでください。
④ジグザグ走りをして、コーンを回って、ゴム段を跳んでください。
⑤横ギャロップをして、途中で向きを変えて、コーンを回って、スキップ、ケンケンをしてかえってきてください。

〈時間〉　適宜

〈解答〉　省略

[2022年度出題]

学習のポイント

例年こうしたサーキット運動が課題になります。「まず獣身を成して而して後に人心を養う」という当校のポリシーを聞いてしまうと、運動能力をチェックしているのではないかと思ってしまいますが、この年頃のお子さまの運動能力にそれほど差はありません。指示に従って、お子さまなりの動きができれば悪い評価は受けないでしょう。特別な準備をする必要もありません。お子さまには、指示に従うこと、積極的に行動すること、上手くできなくても最後までやること。この3つのアドバイスで充分ではないでしょうか。

【おすすめ問題集】
新運動テスト問題集、Ｊｒ・ウォッチャー28「運動」

問題15　分野：行動観察

〈準備〉　「？」が描いてあるA4の画用紙、ハサミ、クレヨン

〈問題〉　この問題の絵はありません。
①指示に従ってグループを作ります。
②「？」が描いてある紙があります。「？」のまわりには□（四角）が描いてあり、その□（四角）にそってハサミで切ってください。
③切り取った「？」が描いてある紙のうらに絵を描いてください。
④自分で描いた絵を見て、何を描いたかわかるように、みんなにヒントを出してください。

〈時間〉　15分

〈解答〉　省略

[2022年度出題]

学習のポイント

これは、自分で描いた絵を、いかにわかりやすく上手に説明できるかがポイントです。描いたものの名前を言うのではなく、自分なりの言葉で、特徴を相手に伝えられる言語力が試されます。ふだんの生活から、図鑑や絵本などを見たり、保護者の方が読み聞かせたり触れさせる場を設けたりするなど、いろいろなものや新しいものに興味を持たせてください。

【おすすめ問題集】
　　Ｊｒ・ウォッチャー29「行動観察」

問題16 分野：制作（想像画）

〈準　備〉　箱、画用紙、ハサミ、ノリ、テープ、クレヨン

〈問　題〉　**この問題の絵はありません。**
　　　　　　（画像が映し出されているモニターを観て）
　　　　　　①「新しい乗り物を作りたいが、アイデアをくれ」と言われる。
　　　　　　②実際に、新しい乗り物を考えて作ってください。
　　　　　　③描いたその乗り物が、活躍する絵を描いてください。
　　　　　　※「それは何ですか」「どう活躍するのですか」などの質問を受ける。

〈時　間〉　15分

〈解　答〉　省略

[2022年度出題]

 学習のポイント

当校の制作分野は、ものを作る→絵を描くといったものが毎年見られます。想像して制作し、それを絵に描くという一連の行動は、素早く頭のなかでまとめなくてはなりません。上手に作ることはありませんが、制限時間があるからといって雑にするのとは違います。ここで注意しなくてはならないのが、「新しい乗り物」という点です。子どもならではの、発想力と好奇心も試されています。

【おすすめ問題集】
　　実践　ゆびさきトレーニング①②③、Ｊｒ・ウォッチャー22「想像画」

家庭学習のコツ❷ **「家庭学習ガイド」はママの味方！**

問題演習を始める前に、試験の概要をまとめた「家庭学習ガイド（本書カラーページに掲載）」を読みましょう。「家庭学習ガイド」には、応募者数や試験課目の詳細のほか、学習を進める上で重要な情報が掲載されています。それらの情報で入試の傾向をつかみ、学習の方針を立ててから、対策学習を始めてください。

〈 準 備 〉　白い箱、色画用紙、画用紙、ハサミ、ノリ、クレヨン

〈 問 題 〉　**この問題の絵はありません。**
　　　　　　（画像が映し出されているモニターを観て）
　　　　　　①海にいる、あなたが見たこともない動くものを、箱に色画用紙を貼って作って
　　　　　　　ください。
　　　　　　②あなたが作ったものを、海で動いている様子を描いてください。
　　　　　　※なぜ、それを作ったか。
　　　　　　　この絵に描いてあるものは、どんな役割をするのかという質問を受ける。

〈 時 間 〉　15分

〈 解 答 〉　省略

[2022年度出題]

 学習のポイント

当校の制作分野で、ものを作る→問いに答える、絵を描く→問いに答える、といった問題
は毎年出題されます。ここで問われているのは、絵を上手に描くことではなく、自分で
描いた絵についてきちんと答えられるかということです。ふだんからの生活で、お子さま
との会話は、保護者の方が問う→お子さまが答える、お子さまが問う→保護者の方が答え
る、で終わりにするのではなく、なるべく長く会話のキャッチボールをしてください。そ
れによってお子さまの語彙も増え、言葉の使い方も備わりますし、会話をしながら「考え
て答える」ことも身につきます。

【おすすめ問題集】
　　実践 ゆびさきトレーニング①②③、Ｊｒ・ウォッチャー22「想像画」

問題18　分野：運動（サーキット運動）

〈 準 備 〉　三角コーン、ボール、ボールを入れるかご、的

〈 問 題 〉　**この問題は絵を参考にしてください。**
　　　　　　これから見本を見せますから、その通りに真似をしてください。
　　　　　　①スタートの白い線でうつ伏せになってください。
　　　　　　②「ヨーイドン」と言ったら起き上がって、走ってコーンを回ってください。
　　　　　　③白い線のところまで来たら、ギャロップ（両足揃えて跳ぶ）をして次の白い線
　　　　　　　（スタートしたところ）まで行ってください。
　　　　　　④スタートした白い線まで来たら、スキップをしてコーンを回ってください（2
　　　　　　　周目に入る）。
　　　　　　⑤ボールの近くに引かれた白い線のところまで来たら、かごからボールを取り出
　　　　　　　して、ボールをコースの横に置いてある的に当ててください。

〈 時 間 〉　適宜

〈 解 答 〉　省略

[2021年度出題]

学習のポイント

毎年こうしたサーキット運動が課題になります。「まず獣身を成して而して後に人心を養う」という当校のポリシーを聞いてしまうと、運動能力をチェックしているのではないかと思ってしまいますが、この年頃のお子さま運動能力にそれほど差はありません。指示に従って、お子さまなりの動きができれば悪い評価は受けないでしょう。特別な準備をする必要もありません。お子さまには、指示に従うこと、ふざけた態度をとらず積極的に行動すること、この2つをアドバイスしておきましょう。待つ態度も大切です。

【おすすめ問題集】
　Ｊｒ・ウォッチャー28「運動」、新 運動テスト問題集

問題19　分野：制作（想像画）

〈準　備〉　折り紙（3枚）、画用紙、クレヨン、のり、ハサミ

〈問　題〉　この問題の絵はありません。
　①（カエルなど3種類の折り紙の折り方の動画がモニターに映される）
　　3つの折り紙から1つ、好きなものを折ってください。
　②折り紙を折ったら、画用紙に貼ってください。
　③折り紙の周りに絵を描いてください。
　※「（折り紙の周りに）何を描いていますか」「なぜそれを描いていますか」などの質問を受ける。

〈時　間〉　15分

〈解　答〉　省略

[2021年度出題]

 学習のポイント

当校の制作問題のほとんどは、絵を描く→絵についての質問、というパターンで行われます。ここでは折り紙も制作するのですが、簡単なものですから、ほとんど同じパターンの出題と言ってよいでしょう。質問の内容もある程度は決まっていて、「それは何か」「なぜそれなのか」という質問です。作業をしながらある程度答えを考えておけば、質問に対して余裕を持った対応ができるでしょう。なお、絵の出来については、年齢なりに何が描かれているかがわかれば充分です。道具の使い方、後片付け等のしつけもしておくことです。

【おすすめ問題集】
　実践 ゆびさきトレーニング①②③、Ｊｒ・ウォッチャー22「想像画」

問題20　分野：制作（想像画）

〈準 備〉　クレヨン、画用紙、デッサン人形

〈問 題〉　**この問題の絵はありません。**
　　　　　①デッサン人形に好きなポーズを取らせてください。
　　　　　②紙の真ん中にその人形を描いてください。
　　　　　③人形の周りに絵を描いてください。
　　　　　※「（人形の周りに）何を描いていますか」「人形は何をしているのですか」などの質問を受ける。

〈時 間〉　15分

〈解 答〉　省略

［2021年度出題］

 学習のポイント

デッサン人形というのは、文字通りデッサンを描くための人形で、ポーズを固定できる人形です。手元にないようなら、フィギュアなどで代用してください。発想力のテストではないので変わったポーズをとらせることはなく、説明できるポーズにしておけば無難でしょう。個性的なのはよいことかもしれませんが、伝える言葉を持っていないと理解されません。お子さまにそういった画力やコミュニケーションを期待するのは無理というものです。無理に目立つことはないのです。

【おすすめ問題集】
　　実践 ゆびさきトレーニング①②③、Ｊｒ・ウォッチャー22「想像画」

問題21　分野：制作（想像画）

〈準 備〉　クレヨン、画用紙、Ａ５サイズの画用紙（３枚）、のり

〈問 題〉　**この問題の絵はありません。**
　　　　　①大きな紙（画用紙）に旅行に持っていくかばんを描いてください。
　　　　　②小さな紙にそのかばんに入れるものを描いてください。
　　　　　③小さな紙を大きな紙に貼り付けてください。
　　　　　※「それは何ですか」「どこへ（旅行に）行くのですか」などの質問を受ける。

〈時 間〉　15分

家庭学習のコツ③　**効果的な学習方法～問題集を通読する**

過去問題集を始めるにあたり、いきなり問題に取り組んではいませんか？　それでは本書を有効活用しているとは言えません。まず、保護者の方が、すべてを一通り読み、当校の傾向、ポイント、問題のアドバイスを頭に入れてください。そうすることにより、保護者の方の指導力がアップします。また、日常生活のさまざまなことから、保護者の方自身が「作問」することができるようになっていきます。

学習のポイント

前述した通り、発想の豊かさを観点にしているわけではないので、面白い絵や変わった絵を無理に描く必要はありません。「旅行に行くならかばんに何を入れていくか」という常識的な設問ですので、経験があればそれをもとにした方が後の質問に答えやすくなるでしょう。なお、合計4枚の絵を描くことになるので当校の制作課題としては珍しく、作業も効率よく進めないと時間が足りなくなるかもしれません。課題がわかった時点で時間が短いことを意識して練習を積んでおきましょう。

【おすすめ問題集】
　　実践　ゆびさきトレーニング①②③、Ｊｒ・ウォッチャー22「想像画」

問題22　分野：制作（想像画）

〈 準 備 〉　クレヨン、画用紙、ロボットのミニュチュア

〈 問 題 〉　この問題の絵はありません。
①紙の真ん中にロボットを描いてください。
②あなたがロボットにしてもらいたいことがわかるように、ロボットの周りに絵を描いてください。
※「（ロボットの周りに）何を描いていますか」「ロボットに何をさせたいのですか」などの質問を受ける。

〈 時 間 〉　15分

〈 解 答 〉　省略

 学習のポイント

男子の志願者向けにはロボットや宇宙人といった男の子が好みそうな設定が多いような気がします。自由な発想で答えやすいという考えなのかもしれません。こうした課題では特にこう描くという答えのようなものはないので、自由な発想で描いて構わないでしょう。ただし、説明できないと良い評価をしてもらえないというのは、ほかの課題と同じです。絵を描く練習に、それを言葉にする、質問に沿った答えを相手にわかるように話すという練習も並行して行うようにしてください。

【おすすめ問題集】
　　実践　ゆびさきトレーニング①②③、Ｊｒ・ウォッチャー22「想像画」

〈 準 備 〉 マット、ペットボトル（10本）、ボール（大・中・小）
※問題13の絵を参考に、あらかじめマットを裏返しにしておき、その上にボーリングのピンとしてペットボトルを並べておく

〈 問 題 〉 ※5～6名程度の2グループで実施する。
この問題は絵を参考にしてください。
これから3種類のボールを渡しますから、そのボールを使ってできるだけ早くペットボトルを倒してください。投げる位置は、問題13の絵のボールが置いてあるところです。1人が投げられるのは3回までです。2回目からはペットボトルを自分たちで並べてください。全部のペットボトルを3回倒したら終了です。

〈 時 間 〉 約10分

〈 解 答 〉 省略

[2020年度出題]

 学習のポイント

考えさせる要素を含んだ行動観察の問題です。当校の入試では、こうした課題で細かな指示がありません。ですから、自ら考えて積極的に行動に移すことです。ボーリングのピンに見立てたペットボトルを、どのように並べると効率よく倒せるのか。どの大きさのボールを誰がどういう順番で投げるのか。といった課題を言われずとも気が付き、対応を考え、グループで相談してから行動するということです。無理に「しきる」ことはありませんが、何が問題になっているのかを理解している（賢い）、相談してから行動している（協調性がある）、問題を解決する手段を提案できる（アイデアが豊か、頭の回転が速い）といったことをアピールしたいなら、ある程度はイニシアチブを取った方がよいかもしれません。

【おすすめ問題集】
Ｊｒ・ウォッチャー29「行動観察」

問題24 分野：制作

〈 準 備 〉 プラスチックのコップ（透明のもの）、セロハンテープ、折り紙（適宜）、モール、クレヨン、画用紙、のり、ハサミ

〈 問 題 〉 この問題の絵はありません。
不思議なジュースを飲むと周りの様子が変わります。
①コップの内側にここにあるものを貼って、「不思議なジュース」を作ってください。
②そのジュースを飲むと周りの様子はどのようになりますか。画用紙にクレヨンで描いてください。
③制作中または制作後にテスターから質問を受ける。
　例）「これは何のジュースですか」
　　　「どうしてこのように周りの様子が変わるのですか」など。

〈 時 間 〉 制作10分

〈 解 答 〉 省略

学習のポイント

女子の志願者に出題された「制作をしてから（しながら）、作ったものについて質問される」という流れの制作問題です。作品の出来よりは、作品についての質問に対してきちんと説明できているかということに、保護者の方は注目してください。「きちんと」というのは滑舌の問題ではなく、質問に沿った答えを言えているかということです。当校は超のつく難関校ですから、基本的な会話ができなければ評価の対象にもならない、ぐらいに考えても大げさではないでしょう。会話の流れやテスターとの相性もありますから、こうすればよいというものはありませんが、「何を聞かれているかがわかる」「相手にわかる説明ができる」ということが、この問題のポイントであることに間違いはありません。試験に臨む時には、そのことをあらかじめ伝えておきましょう。

【おすすめ問題集】
　　実践 ゆびさきトレーニング①②③、Ｊｒ・ウォッチャー22「想像画」

問題25　　分野：制作

〈 準 備 〉　クレヨン、画用紙

〈 問 題 〉　**この問題の絵はありません。**
　　　　　　お話を聞いてください。
　　　　　　ある日、ハリネズミとイモムシが近所に住んでいるヒゲの博士の家に行って相談しました。ハリネズミは「ぼくには硬いトゲが生えていてるから、みんなと仲良く遊べんないんだ。どうしたらよいと思いますか」と聞き、イモムシは「僕は体が柔らかすぎて、みんなと遊ぶと体が潰れてしまうんです。どうしたらよいと思いますか」と聞きました。博士はハリネズミに体が柔らかくなる緑色のスイッチを作り、イモムシに体が硬くなる黄色のスイッチを作ってあげました。２人はよろこんで家に帰っていきました。…ここに博士の作ったスイッチと別のスイッチが２つあります。赤いスイッチは体が10倍の大きさになるスイッチです。青いスイッチは体が鉛筆ぐらいの大きさになるスイッチです。

　　　　　　あなたはどちらのスイッチを押しますか。押した後にやりたいことを絵に描いてください。

　　　　　　※制作中または制作後にテスターから質問を受ける。
　　　　　　　例）「（この絵は）何をしていますか」
　　　　　　　　　「どうして（それを）するのですか」など。

〈 時 間 〉　制作10分

〈 解 答 〉　省略

「お話を聞き、制作をしてから（しながら）、作ったものについて質問される」という制作問題です。こちらは男子の問題です。まずは「大きくなった（小さくなった）自分」ではなく、「大きくなったら（小さくなったら）自分がやりたいこと」を描くという点に注意です。絵の設定が突飛で面白そうなものだけに、勘違いしやすいかもしれません。また、説明の際にも、仮定に仮定を重ねているので、ある程度の空想力、創造力とそれを説明できるだけの語彙、話し方が求められます。この年頃のお子さまなら、そういった空想を受け入れるのは得意でしょうが、説明すること自体に慣れてもいないでしょうし、それを理解させるという状況の体験も少ないでしょう。保護者の方相手で構いません、お絵描きの練習を重ねたら、その作品についての説明を練習するようにしていきましょう。

【おすすめ問題集】
　　実践　ゆびさきトレーニング①②③、Ｊｒ・ウォッチャー22「想像画」

問題26　分野：複合（制作・行動観察）

〈 準 備 〉　この問題は絵を参考にしてください。
　　　　　　紙コップ（４個）、セロハンテープ、ゼムクリップ（適宜）、クレヨン
　　　　　　※問題16の絵のように、紙コップで「マラカス」の見本を作っておく。

〈 問 題 〉　①見本を見てから、紙コップにクレヨンで絵を描く。
　　　　　　②紙コップにゼムクリップを数個入れ、飲み口側同士をセロハンテープで留める。
　　　　　　③できあがったマラカスを両手に持ち、テスターの指示通りに踊る。

〈 時 間 〉　制作10分　行動観察５分

〈 解 答 〉　省略

[2019年度出題]

 学習のポイント

当校では通常、「制作をしてから（しながら）、作ったものについて質問される」という流れの制作問題が多かったのですが、ここでは制作したものを使っての行動観察が行なわれています。問題の観点しては、制作を含めた指示を理解し、実行できるかということになるでしょう。ほかの制作問題でもそうなのですが、作品の完成度や個性ある作品作りも大事ですが、家庭でやるときに、制作・行動観察の指示を守れているかを、もっとも重要なポイントとしてチェックしてください。なお、テスターからの踊りの指示は、「音楽に合わせて」「スキップしながら」といった単純な指示だったようです。

【おすすめ問題集】
　　実践　ゆびさきトレーニング①②③、Ｊｒ・ウォッチャー22「想像画」

〈準　備〉　緑色のマット（1m×2m・4枚）、茶色のマット（50cm×1cm・4枚）
※問題27の絵のように、マットを配置しておく。

〈問　題〉　※5～6名程度の2グループで実施する。
この問題は絵を参考にしてください。
「緑色のマットは『島』です。それ以外のところは『海』なので、茶色のマットを敷かないと渡ることができません。お友だちと相談しながらできるだけ速く、スタートの島からゴールの島まで渡ってください。マットから落ちた人は最初の島に戻ってください」

〈時　間〉　10分

〈解　答〉　省略

[2019年度出題]

 学習のポイント

当校入試の最近の傾向の1つである、考えさせる要素を含んだ行動観察の問題です。こういった課題では、単に指示に従っているだけではなく、自分なりに勝つための方法を考えないと楽しむことができず、結果的に積極的に参加しているように見えなくなってしまいます。行動観察では、無理にイニシアチブを取る必要はありませんし、お子さまの性格に沿った行動をとればよいのですが、「自由に行動してよい」という指示でもない限りは、やはり目の前の課題に積極的に向き合う姿勢のほうが評価は高くなります。ここでは「島を渡る」ために、相手チームより機敏に行動するのはもちろんですが、「マットを運ぶ人」「島を渡る人」と役割を分担をしたり、「どのようにマットを並べると最短距離にできるのか」を考えるといった思考力も評価されるでしょう。また、考えたことをどのようにグループのメンバーに伝えるかというコミュニケーションも評価の対象です。

【おすすめ問題集】
　Jr・ウォッチャー29「行動観察」

問題28　分野：行動観察

〈準　備〉　ボールスタンド（16個）、ボール（赤色6個、青色6個）
※問題28の絵のように、ボールスタンドとボールを配置し、グループごとに並ぶ。

〈問　題〉　※5～6名程度の2グループで実施する。
この問題は絵を参考にしてください。
「1人ずつカゴの中のボールを1つ取って、ボールスタンドに置いてください。縦・横・斜めどのような並び方でも良いので、先にボールを3つ並べて置いたチームの勝ちです」

〈時　間〉　10分

〈解　答〉　省略

[2019年度出題]

学習のポイント

前問と同じく考えさせる要素を含んだ行動観察の問題です。ポイントはほぼ同じですので、繰り返しになりますが「思考力があり、問題解決の姿勢を持っている」「集団行動を行う上で、問題のないコミュニケーション力を持っている」といった「のびしろ」を感じさせるお子さまには、よい評価が与えられるということになります。

当校入試のここ数年来の変化として、「考えさせる要素」が増えているのは確かですから、行動観察・制作・運動という分野からの出題といっても、従来よりは、そういった経験や学習が準備として必要になっていると言えます。机上で知識や思考力を伸ばす学習と違い、行動観察の問題は、「グループで問題を解決する」状況にお子さまを置かないと多くのことは学べません。保護者の方は、日常生活の中で機会を見つけて、お子さまが「グループで問題を解決する」といった経験を積めるように気を配ってください。

【おすすめ問題集】
　　Ｊｒ・ウォッチャー29「行動観察」

問題29　　分野：制作（想像画）

〈準　備〉　クレヨン、画用紙

〈問　題〉　**この問題の絵はありません。**
　　　　　①「大人になったら何がしたいですか。絵に描いてください」
　　　　　②（描いている間に質問を受ける）「何を描いていますか」「なぜそれを描いていますか」などの質問を受ける。

〈時　間〉　15分

〈解　答〉　省略

[2019年度出題]

 学習のポイント

当校で頻出の「制作をした後に、それについて質問される」という問題です。ほかの小学校入試でもよく見られる課題ですが、倍率の高い当校ですから、質問された時に、「そつのない受け答え」さえしていればよい、というものではありません。もちろん、アーティストを養成しようという学校ではありませんから、作品の出来については年齢相応であればよいのですが、受け答えの中で発想の素晴らしさや、独特の視点といった「個性」をアピールしないと印象に残らないでしょう。それは相手に「個性」を理解してもらい、なおかつ、よいイメージを持ってもらうという、レベルの高いコミュニケーションをお子さまに要求することになります。お子さまにこういったことを説明しても仕方がありませんから、何度かこういった課題を繰り返す中で、お子さまの素晴らしい個性が伝わるような言葉や話し方を保護者の方が引き出し、身に付くように指導していきましょう。

【おすすめ問題集】
　　実践 ゆびさきトレーニング①②③、Ｊｒ・ウォッチャー22「想像画」

問題30　分野：制作（想像画）

〈準備〉　クレヨン、画用紙（大・小各1枚）
※この問題は8人グループで行い、机と椅子を2人1組で対面するように設置し、机の上に大小の画用紙を並べておく。

〈問題〉　**この問題の絵はありません。**
これから紙芝居をします。静かに聞いてください。
（紙芝居のあらすじ）
天狗と鬼はいつも仲良しでした。ある日、天狗が『おれの宝物を見せてやろう』と鬼に言いました。鬼は宝物を見ると『なんだいこれは？』と天狗に聞きました。天狗は『これは天狗のうちわだよ』答えました。鬼は面白そうだったので『それを貸してよ』と言いましたが、天狗は『ダメ』と答えました。鬼がなんで貸してくれないの？』と聞くと、天狗は『これは僕ぐらい力が強くないと使えなくて、壊してしまうから』と答えました。次の日、鬼が『おれの宝物を見せてやろう』と言いました。天狗は宝物を見ると『なんだいこれは？』と鬼に聞きました。『これは金棒だよ』と鬼は答えました。天狗はいい武器だと思って、『それを貸してよ』と言いました。鬼は『ダメだよ』と答えました。天狗が『どうして』と聞くと、『これは重いから、慣れていないと危ないんだよ』と鬼は答えました。こうして、鬼と天狗はいつまでも自分の宝物を見せあったそうです」

①あなたの宝物は何ですか。小さな画用紙に描いてください。
　ただし、その宝物は生き物ではないものにしてください。
②その宝物を使ったり、遊んだりしているところを絵に描いてください。
③向かい合った席のお友だちに、宝物の名前と宝物で何をしているのか紹介してください。

〈時間〉　15分

〈解答〉　省略

[2019年度出題]

学習のポイント

お話を聞いてから、絵を描き、それについて発表する問題です。手順は少し複雑になっていますが、前問と同じ趣旨の問題と考えて良いでしょう。前問との違いは「対面しているほかの志願者に絵の内容を教える」という要素が加わっている点です。言い換えれば、入学してから同年齢のクラスメイトに伝わるようなコミュニケーションをとる、という観点が加えられているということなりますが、これは机上の学習や訓練を受け身だけで行っているとなかなか身に付かないものでもあります。保護者の方も実感されているとは思いますが、小学校入試の問題に答えるということと、お子さまがわかるように説明することはまったく別のことです。ここでは説明を受ける志願者がどのくらい人の話を理解できるかわかりませんから、「宝物が～で～という使い方をする」ということを保護者の方が理解できれば及第点としてください。

【おすすめ問題集】
　　実践　ゆびさきトレーニング①②③、Ｊｒ・ウォッチャー22「想像画」

問題31　分野：制作（想像画）

〈準　備〉　クレヨン、画用紙

〈問　題〉　**この問題の絵はありません。**
　　　　　　これからするお話をよく聞いてください。
　　　　　　太郎くんはいつも学校の帰りに、科学者のおじいちゃんの家に立ち寄って遊びます。ある日、いつものようにおじいちゃんの家に行くと、廊下の奥にある実験室に呼ばれました。そこでおじいちゃんに「太郎は何と合体したい？」と聞かれました。あなたは、何と合体したいですか。絵に描いてから発表してください。

〈時　間〉　15分

〈解　答〉　省略

[2019年度出題]

 学習のポイント

当校の試験では、制作した絵画や工作について、必ず質問されたり発表したりしますから、この問題のように想像したものについても、言葉にできなければなりません。想像・創造力を豊かにすることも重要ですが、語彙数豊富な表現力が当校の試験では必要とされるのです。ですから、繰り返しにはなりますが、作品の質を上げるための訓練はそれほど必要ではなく、「何を描いたか」「なぜ描いたのか」などをたずねられた時に、きちんと答えるだけのコミュニケーション力を鍛えた方がよい、ということになるのです。制作をした時は、保護者の方が作品についてのコメントを述べるのではなく、お子さまに作品を説明してもらうようにしてください。その際は、話の腰を折ることなく、一通り聞いた後で、「～という表現をした方がよい」という指導をしましょう。

【おすすめ問題集】
　　実践　ゆびさきトレーニング①②③、Ｊｒ・ウォッチャー22「想像画」

〈 準 備 〉　平均台、コイン（各自に3枚）、玉入れの道具、なわとび、
　　　　　　積み木（各人数分）
　　　　　　※ドンジャンケンを行なう場所の周りに「なわとび」「玉入れ」「積み木」「ク
　　　　　　イズ」のブースを設置しておく。

〈 問 題 〉　この問題の絵はありません。
　　　　　　※この問題は20人程度のグループで行なう。
　　　　　　①2つのチームに別れてドンジャンケンをします。チームごとに平均台の後ろに
　　　　　　並んでください。ジャンケンに負けた人は、勝った人に持っているコインを1
　　　　　　枚渡してください（5分程度行なう）。
　　　　　　②コインが3枚貯まったら、先生のところに来てコインを渡してください。
　　　　　　その後は周りに置いてあるもので遊んでください。

〈 時 間 〉　15分

〈 解 答 〉　省略

[2018年度出題]

 学習のポイント

グループでの行動観察です。「協調性」「集団行動ができるか」といったことが当校の新
たな観点になっていることがよくわかります。前年の問題とよく似ていますが、後半部分
が「自由遊び」になっている点が違います。指示を受けての集団行動から、自発的な遊び
に移行するということで戸惑うことがないように、最初の指示をしっかり聞き、スムーズ
に行動できるようにしてください。なお、ドンジャンケンを行なう人数が少なくなった時
点で全員が自由遊びを行ったようですので、実際に問題を行なう時は頃合いを見て移行す
るようにしてください。

【おすすめ問題集】
　　Jr・ウォッチャー29「行動観察」

〈 準 備 〉　画用紙（2枚）、折り紙（黒）、クレヨン、のり、絵を立てるフレーム、

〈 問 題 〉　この問題の絵はありません。
　　　　　　①見本を見てから折り紙でオニギリを折る。
　　　　　　②画用紙の中央にオニギリをのりで貼り、その周りに自分の好きな「お弁当のお
　　　　　　かず」を描き、フレームに飾る。
　　　　　　③そのお弁当を持って行きたい場所の絵をクレヨンで描き、フレームの前に置
　　　　　　く。
　　　　　　④「誰と一緒に行くか」「何をするか」などの質問を受ける。

〈 時 間 〉　20分

〈 解 答 〉　省略

[2018年度出題]

学習のポイント

男子に出題された、当校で頻出の「制作→質問」という問題です。当校としてはやさしい問題ではありますが、作業時間が短く、工程が多いため、手早く行わないと時間内に収まりません。ある程度は、こうした作業に慣れておいたほうが有利でしょう。もちろん作品は、まじめに作ったか否かは観られます。④の質問に対する受け答えがポイントになっている点は、ほかの制作問題と変わりありません。発想力の豊かさとともに、それを的確に説明できるだけの語彙を身に付けておく必要があります。

【おすすめ問題集】
　　実践　ゆびさきトレーニング①②③、Ｊｒ・ウォッチャー22「想像画」

問題34　　分野：制作

〈準 備〉　模造紙（30cm×30cm）、色画用紙（赤・青・緑）、画用紙、クレヨン、ハサミ、モール

〈問 題〉　**この問題の絵はありません。**
①見本を見てから、模造紙でバッグの本体部分（箱）を作る。
②本体部分の側面に自分の好きな色の色画用紙をノリで貼り、モールを取手として付ける。
③そのバッグを持って行きたい場所の絵をクレヨンで描く。
④制作中に「誰と一緒に行くか」「何をするか」などの質問を受ける。

〈時 間〉　15分

〈解 答〉　省略

[2018年度出題]

 学習のポイント

こちらは女子に出題された「制作→質問」という問題です。やはり、当校としてはやさしい問題ではありますが、手早い作業が必要な点は共通しています。ここでは制作中に質問を受ける形となっていますので、作業を中断してその質問に答えてください。タイミングを見計らって質問されるとは思いますが、作業の途中だとしても、作品の制作より、「相手の話を理解して、それに則した答えを言う」という能力を示すほうが当校の入試では大切だからです。

【おすすめ問題集】
　　実践　ゆびさきトレーニング①②③、Ｊｒ・ウォッチャー22「想像画」

〈 準 備 〉 あらかじめ、問題35の絵を参考にして、遊具の準備をする。
※25名程度の集団で実施する。
・「ミニピアノ」
…マットを敷き、その上にミニピアノ置き順番に遊ぶ。
・「輪投げ」
…輪投げの的に1m程度離れた線から輪を投げる。
・「的当て」
…ボールを数個カゴに入れ、的から3m離れた位置に設置する。
・「ミニカー、飛行機、電車のおもちゃで遊ぶ」
…マットの上に地図が描かれた模造紙を設置、その上にいくつかのミ
ニカー、飛行機、電車のおもちゃなどを置いておく。

〈 問 題 〉 この問題は絵を参考にしてください。
ここにあるものを使ってお友だちと仲良く遊んでください。
（20分後）
はい、終わりです。後片付けをしましょう。

〈 時 間 〉 20分

〈 解 答 〉 省略

[2017年度出題]

 学習のポイント

いわゆる「自由遊び」ですが、前問と同じく「協調性」を観点とした問題として捉えてく
ださい。もちろん、積極性も観られていますから、迷ったり、遠慮したりするのもよくあ
りませんが、「ほかの志願者に対する思いやりがない」と思われるのは、もっとよくあり
ません。1つのものにこだわって遊び、他人の邪魔になったり、おもちゃの奪い合いなど
をしないように行動しましょう。当校の試験ではこの程度のことなら、「自然にできる」
のが理想です。当校の試験は「入試対策などをしてお子さまに過度の負担をかけない」
「お子さまのふだんの姿を観る」という趣旨で現在のような形式になっています。試験の
ために訓練した様子などが見えると、お子さまの個性が観えにくくなり、かえって悪い評
価を得てしまう場合もあります。

【おすすめ問題集】
Ｊｒ・ウォッチャー29「行動観察」

〈準　備〉 クーピーペン、画用紙、「○」「△」「□」の押せるスタンプ

〈問　題〉 この問題の絵はありません。
（机の上にスタンプを3つ置く）
この3つのスタンプを使って絵を描いてもらいます。
スタンプは3つとも使ってください。

（作業中に以下の質問をする）
・何を描いていますか。
・どのように使いますか（前の質問の答えによって質問が変わる）

〈時　間〉 15分

〈解　答〉 省略

[2017年度出題]

 学習のポイント

3つのスタンプを使って、考えて絵を描く問題です。何を描くか、しっかりと考えてから作業に取りかかりましょう。この問題には使われませんが、小学校受験では鉛筆のほかにもクレヨンやペンといった筆記用具、のりやはさみなどの工作道具の使い方もチェックされます。線や図形からはみ出さずに色を塗れるか、指示通りきちんと切られるかどうか、ふだんから練習しておいた方が無難です。作業中に、1人のテスターではなく、複数のテスターから質問をされたケースもあったようです。切り口が違う質問をされてもあわてないで、相手の質問内容をくり返し考える習慣をつけていくようにしましょう。答えが見つけられるようになります。

【おすすめ問題集】
実践 ゆびさきトレーニング①②③、Ｊｒ・ウォッチャー22「想像画」

問題37 分野：行動観察（集団ゲーム）

〈準　備〉 ボール（大1個、小2個）、筒（小のボールが載る太さ）、フープ、マット

〈問　題〉 この問題は絵を参考にしてください。
（5人程度のグループで行います）

左側にある大きなボールをフープの中に入れて置きましょう。次に大きなボールの上に、筒を載せましょう。筒を乗せたら、ボールが転がらないように筒の上に小さいボールを置き、その上にもう1つ筒を積み重ねます。
ボールが転がってフープから出てはいけません。みんなで協力して、ボールが転がらないようにしましょう。

〈時　間〉 適宜

〈解　答〉 省略

[2016年度出題]

当校では過去にあまり出題されたことのない、グループでの行動観察です。個人の場合は、しつけが行き届いているか、話を聞けるかといった点が評価されますが、集団では他の子どもたちと仲良く、楽しく遊べるかどうかといった、グループ全体の雰囲気も評価の対象です。成功することが難しい、なかなかの難問です。知らない子ども同士で、いかに協力して頑張るかがポイントです。

【おすすめ問題集】
　　Ｊｒ・ウォッチャー29「行動観察」

問題38　分野：制作

〈準　備〉　紙コップ、竹串、タコ糸、紙、セロテープ

〈問　題〉　**この問題は絵を参考にしてください。**
　　　　　これから紙コップのけん玉を作りましょう。

　　　　　①紙コップの底に、竹串で穴を開けます。
　　　　　②穴にタコ糸を通して、内側に入れたタコ糸をセロテープで止めます。
　　　　　③紙を丸めてボールを作ります。
　　　　　④紙コップの外側に出ているタコ糸の端に丸めた紙をセロテープで貼り付けます。
　　　　　⑤けん玉の完成です。紙のボールをコップの中にうまく入れて遊びましょう。

〈時　間〉　適宜

〈解　答〉　省略

[2016年度出題]

 学習のポイント

さまざまな道具を使って、指示されたものを作る問題です。説明を聞き逃さず、指示通りに物が作れるようにしましょう。この問題では使いませんが、問題によっては鉛筆のほかにもクレヨンやペンといった筆記用具、のりやはさみなどの工作道具の使い方もチェックされます。線や図形からはみ出さず塗れるか、指示通りきちんと切れるかどうか、ふだんから練習しておくことは必須です。
作品を作った後は実際にこのけん玉で遊びます。先生は遊ぶ様子もチェックしていますが、ただおとなしくしているだけではなく、子どもらしく元気に遊んでいるかどうかも見ていると考えられます。自分で作ったおもちゃで遊ぶという経験はあまりないと思われますので、周りの志願者に迷惑をかけない程度に、しっかりと楽しむといった意識で良いでしょう。

【おすすめ問題集】
　　実践　ゆびさきトレーニング①②③、
　　Ｊｒ・ウォッチャー23「切る・貼る・塗る」

〈準 備〉　クレヨン・ハサミ・のり・画用紙（A4の4分の1位の大きさ）
　　　　　おもちゃ（適宜）

〈問 題〉　※あらかじめ机の上に手のひらサイズのゼンマイ仕掛けのおもちゃ（恐竜・ヒヨコ・カ
　　　　　　メなど）を置いておく。

　　　　　これから宝物を入れる箱を造ります。わたしのお話をよく聞いてその通りにして
　　　　　ください。
　　　　　☆宝箱
　　　　　（問題39の絵を渡して）
　　　　　①箱に自分の好きな色を塗ってください。花柄や縞模様など自由に描いて良いで
　　　　　　すよ。のりしろは塗らないようにしましょう。
　　　　　②色が塗れたら黒い太い線にそってハサミで切り抜いてください。
　　　　　③点線のところで折って箱になるように組み立ててください。この時、色を塗っ
　　　　　　た方が外側になるように気をつけて、ていねいに折りましょう。
　　　　　④のりしろにのりを付けて貼り付けたら、宝箱の完成です。
　　　　　☆宝物
　　　　　①画用紙にあなたの思い出の品（生き物でもおもちゃでもよい）や思い出に残っ
　　　　　　ている出来事の絵を描いてください。
　　　　　②絵が描けたら宝箱に入れてください。
　　　　　☆テスターからの質問（絵を描いている途中で質問がある）
　　　　　①これは何の絵を描いたのですか。
　　　　　②どんな思い出ですか。

〈時 間〉　適宜

〈解 答〉　省略

[2015年度出題]

 学習のポイント

どの課題でも取り組み方の例としてお手本を示されていますから、宝箱の作り方の説明を
しっかり聞いていれば箱の作り自体はそれほど難しくはありません。どれだけ集中してお
話を聞きその内容を理解し指示通りに行動できているかが重要です。また箱に入れる宝物
について「何を描いているのか」「どんな思い出なのか」と聞かれた時に、描きたいと思
っていることや自分の考えをしっかりと伝えることが大切です。答える時に詰まってしま
ったり、言い間違えて訂正するようなことがあっても評価そのものに影響することはあり
ません。型にはめられそつなくこなすことより、子どもらしく元気に溌剌と楽しく試験に
臨むことが大切です。

【おすすめ問題集】
　実践　ゆびさきトレーニング①②③、
　Ｊｒ・ウォッチャー23「切る・貼る・塗る」、24「絵画」

問題40 分野：制作

〈準 備〉 クレヨン、画用紙、ハサミ
〈問 題〉 この問題の絵はありません。
あなたは飛行機に乗って、南の島の探検に出かけました。ところが、たいへん！
飛行機のエンジンがこわれて違う島に着陸してしまいました。飛行機の外に出た
あなたはこんな時、1番はじめに何をすると思いますか。 例えば「飛行機をな
おそうとするとか」「だれか助けてくれそうな人をさがすとか」ほかにもいろい
ろありますね。あなたが1番はじめにすると思うことを、絵に描いてみてくださ
い。
☆テスターからの質問（絵を描いている途中で質問がある）
①何を描いていますか。
②どうして1番はじめに「それ」をしようと思ったのですか。

〈時 間〉 適宜

〈解 答〉 省略

[2015年度出題]

 学習のポイント

状況を判断して「今、何をするべきか」を考え、その場の状態を想像して、ただちにそれ
を絵に描くというなかなかの難問です。状況判断をして何をするべきかを考え行動できる
子どもに育てるために、日頃より必要以上に依存心・依頼心を持たせないように、ご家庭
内でも自立心を高めるような工夫をしていきましょう。なんでも周囲の大人が「どうすれ
ばよいか」「何をするか」などについて指示を与えたり大人の言うとおりにさせるだけで
なく、お子さま自身に考えさせたり自分の考えをきちんと言葉で表現できるようにするこ
とが大切です。こうしたことは一朝一夕にできるものではありません。日常の中でお子さ
まと対話する姿勢を見直して、お子さまが自分で考え、その理由を相手に伝える大切さや
楽しさを身に付けていけるようにしていってください。

【おすすめ問題集】
　実践　ゆびさきトレーニング①②③、
　　　　Ｊｒ・ウォッチャー23「切る・貼る・塗る」、24「絵画」

〈 準 備 〉　青・赤・黄色の３枚のカード、太鼓

〈 問 題 〉　**この問題は絵を参考にしてください。**
　　　　　　※この問題は20人程度のグループで行う。
　　　　　　※問題41の絵のように、志願者の足元に赤・青・黄色の３枚のカードを置いて
　　　　　　　おく。
　　　　　　①これから太鼓を叩きますから、太鼓のリズムに合わせて、スキップしてくださ
　　　　　　　い。
　　　　　　②太鼓のリズムをいったん止めた後、何回か太鼓を叩きます。
　　　　　　　太鼓を叩いた回数で、次のようにカードを踏んでください。
　　　　　　　・１回叩く…赤いカードを踏む。
　　　　　　　・２回叩く…青いカードを踏む。
　　　　　　　・３回叩く…黄色いカードを踏む。
　　　　　　　・４回叩く…赤いカードと黄色いカードを踏む。
　　　　　　　・５回叩く…青いカードと黄色いカードを踏む。
　　　　　　　・６回叩く…赤いカードと青いカードを踏む。
　　　　　　　（３回程度繰り返す）

〈 時 間 〉　適宜

〈 解 答 〉　省略

[2014年度出題]

 学習のポイント

サーキット運動の後に行われる、記憶による行動観察の問題です。協調性を求められる課
題も出題されますが、本問題のようにやや指示は複雑でも、理解すれば問題なく行えるも
ののほうが多いようです。ここでは個性を発揮するのではなく、記憶して理解力の高さを
見せるように心がけましょう。当校の入試における行動観察は、「競争する」という形を
とることが多いのも特徴ですが、この問題にはその要素はありません。月齢の比較的低い
グループに対して出題されました。

【おすすめ問題集】
　　Ｊｒ・ウォッチャー29「行動観察」

問題42　分野：行動観察（集団ゲーム）

〈準 備〉　平均台、３色のボール適宜（バレーボール大のもの）をカゴの中に入れておく、
　　　　　アクリル製の透明な筒３本

〈問 題〉　<mark>この問題は絵を参考にしてください。</mark>
　　　　　※この問題は20人程度のグループで行い、あらかじめグループを２つに分けて
　　　　　　おく。
　　　　　※問題42の絵のように、平均台を設置し、その近くにアクリル製の筒３本を置
　　　　　　いておく。
　　　　　①これからドンジャンケンをします。勝った人は、カゴからボールを取り出し、
　　　　　　筒に入れてください。負けた人は、チームの列の一番後ろについてください。
　　　　　②同じ色のボールが縦・横・斜めのいずれかで１列に並べば、そのチームの勝ち
　　　　　　です。

〈時 間〉　適宜

〈解 答〉　省略

 学習のポイント

前問と同じく行動観察の問題です。ここでは「（チームで）競争する」という当校の行動
観察問題の特徴がよくあらわれています。やはり指示は一捻りされていて、ボールを一列
に並べることを考えながら、勝った場合にどこにボールを入れればよいのかを考えなけれ
ばなりません。特に指示はなかったようですので、ドンジャンケンをしている他の志願者
に声をかけてもよかったようです。積極的に行動すべきかどうかは、指示をよく聞いて判
断しましょう。

【おすすめ問題集】
　　Ｊｒ・ウォッチャー29「行動観察」

問題43　分野：常識

〈準 備〉　クレヨン、画用紙

〈問 題〉　<mark>この問題は絵を参考にしてください。</mark>
　　　　　※問題43のイラストのように横３分の１を折っておく。
　　　　　渡した画用紙に絵を描いてください。画用紙を開くと描かれたものが別のものに
　　　　　変わるように絵を描いてください。

〈時 間〉　適宜

〈解 答〉　省略

　　　　　　　　　　　　　　　　　　　　　　　　　　　　　　　　　　[2014年度出題]

学習のポイント

例えば、トカゲだと思ったらヘビの絵だったというふうに「折ってある紙を開いたら別の
ものに変わる絵を描く」という指示はかなり難しいものだと思います。この問題はテスタ
ーからの指示の後、絵を描くので、例が示された場合はその真似をしないこと、例が示さ
れなかった場合は発想力を発揮することが重要になるでしょう。このような問題に対して
は特効薬はありません。ふだんからお子さまの創造力を育てていくことを念頭において、
日常生活でお子さまの能力を育んでいきましょう。また、当校の入試では恒例ですが、こ
の問題でも絵を描いている時に試験官から「何を描いているの？」と質問があったようで
す。

【おすすめ問題集】
　　実践　ゆびさきトレーニング①②③、
　　Ｊｒ・ウォッチャー23「切る・貼る・塗る」、24「絵画」

問題44　　分野：制作

〈準　備〉　クレヨン、画用紙、粘土（8色）

〈問　題〉　**この問題の絵はありません。**
　　　　　　①粘土で、お店に売っているものを作ってください。
　　　　　　②粘土で、作ったものを絵に描いてください。

〈時　間〉　適宜

〈解　答〉　省略

[2014年度出題]

 学習のポイント

粘土の制作と絵の制作を両方行う問題です。器用さを観ている問題ともとれますが、おそ
らくは自由な発想力や年齢相応の知識を持っているかどうかも観点となっているでしょ
う。この問題でも絵を描いている時に試験官から質問がありましたが、創造力のみを問う
課題ではないので「これは何で、どこで売っているものか」ということにきちんと答えな
ければなりません。作品の出来不出来は評価とは無関係とは言いませんが、「自分の制作
物を説明することにも同じくらい比重が置かれている」と考えた方が的確な受け答えがで
きるでしょう。

【おすすめ問題集】
　　実践　ゆびさきトレーニング①②③、
　　Ｊｒ・ウォッチャー23「切る・貼る・塗る」、24「絵画」

問題45　分野：制作

〈準備〉　クレヨン、画用紙、ハサミ

〈問題〉　**この問題は絵を参考にしてください。**
　　　　※あらかじめ、画用紙に問題45のイラストのように線を描いておく。
　　　　①「うれしかったこと」の絵を画用紙に描いてください。
　　　　②絵を描いた後、画用紙に書かれた点線にそってハサミで切ってください。
　　　　③切ったものをバラバラにした後、もう一度並べてください。

〈時間〉　適宜

〈解答〉　省略

[2014年度出題]

 学習のポイント

パズルの要素が入った課題ですが、それ自体はそれほど難しいものではありません。また、パズルが並べられるかということも重要な観点ではなく、試験を楽しいものにする工夫の1つと考えれば良いでしょう。この問題を含めて、当校の絵の課題は、抽象的なテーマが多く、「何を描くか」という点で発想力を問われるものがほとんどです。ユニークでこれからの「のびしろ」を感じさせるものが描ければ良いですが、試験の場でそういうテーマを思いつくことは至難の業です。よほど余裕があれば別ですが、まずは指示をよく理解すること、そして、何が描いてあるのかをわからせるコミュニケーション力を身に付けることを目標にしてください。

【おすすめ問題集】
　　実践　ゆびさきトレーニング①②③、
　　Ｊｒ・ウォッチャー23「切る・貼る・塗る」、24「絵画」

問題46　分野：運動（サーキット）

〈準備〉　問題46の絵のように、マット、コーンなどを配置しておく

〈問題〉　**この問題は絵を参考にしてください。**
　　　　これから見本を見せるのでその通りに真似をしてください。
　　　　①スタートの線からマンボウの絵が描いてあるコーンまでケンケンで行ってください。
　　　　②マットで前転をしてください。
　　　　③床に書いてある〇からはみ出さないようにケンパーをしてください。
　　　　④ケンパーが終わったらダッシュしてください。合図をしたら、止まってください。

〈時間〉　適宜

〈解答〉　省略

[2013年度出題]

サーキット運動の１つの例です。この年度は頭にエビのお面をした試験官が指示、カニの
お面をした試験官が見本を示しました。楽しい雰囲気で行おうという学校側の工夫が見え
ます。このような問題なら、指示にきちんと従うのは当たり前ですが、積極的に課題に取
り組む姿勢も同時に見せることが当校の試験ではさらに大事です。多数の志願者の中で、
目立とうするとかえって悪い印象を与えてしまうことがありますが、積極性をアピールす
ることはマイナスになりません。

【おすすめ問題集】
　　新運動テスト問題集、Ｊｒ・ウォッチャー28「運動」

問題2

① 右足で立つ

② 左足で立ち
右足あげる

③ 左足で立つ

④ しゃがんで
「1、2の」　「3」でジャンプ

⑤ ひとつ　ふたつ

日本学習図書株式会社

問題 **3**

的

右向きギャロップ

左向きギャロップ

中央ライン(ピンク)

ボールを的に向かって投げる

全速力で走る

後ろ向き
着座

スタート

ゴール

③ ボールを投げる

的

折り返し

④ とぶ

くぐる

② ジグザグに走る

とぶ

ゴム紐

ゴール

スタート

①

2024 年度　慶應義塾幼稚舎　過去　無断複製／転載を禁ずる　　日本学習図書株式会社

日本学習図書株式会社

問題 **6−1**

日本学習図書株式会社

問題10

2024 年度　慶應義塾幼稚舎　過去　無断複製／転載を禁ずる　日本学習図書株式会社

日本学習図書株式会社

問題12

吹き流しコーナー

さかなつりコーナー

プラレールコーナー

リバーシコーナー

※1周目はギャロップ、2周目はゴム段を跳ぶ

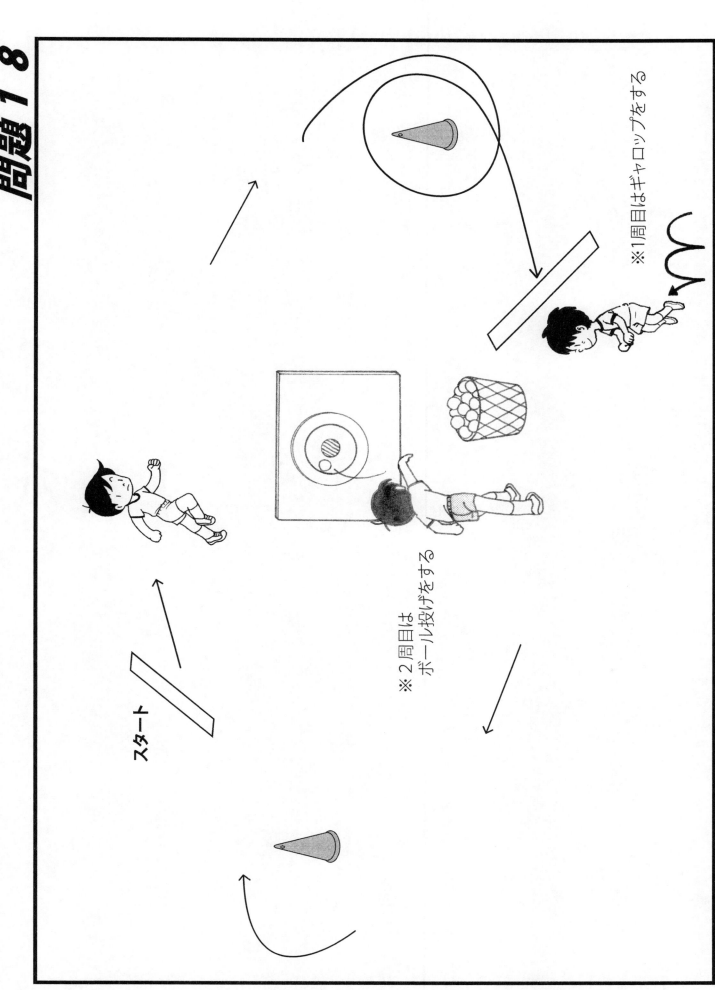

問題18

スタート

※1周目はギャロップをする

※2周目は
ボール投げをする

2024 年度　慶應義塾幼稚舎　過去　無断複製/転載を禁ずる　　　　日本学習図書株式会社

問題 2 3

※マットは裏面を使用する

日本学習図書株式会社

問題 2 6

③紙コップの飲み口同士を
セロハンテープで留める

②クリップを数個、紙コップの中に入れる

①クレヨンで2つの紙コップの外側に
絵を描く

2024 年度　慶應義塾幼稚舎　過去　無断複製／転載を禁ずる　　　　日本学習図書株式会社

ゴールのマット（緑色）

スタートのマット（緑色）

茶色のマット（4枚）

日本学習図書株式会社

※輪投げ

※ミニカー、電車のおもちゃの遊び

※的当て

※ミニピアノの遊び

＜完成図＞

日本学習図書株式会社

問題38

内側をセロテープで止める

タコ糸

丸めた紙

日本学習図書株式会社

日本学習図書株式会社

問題 4 1

① 画用紙を横幅 3 / 1 のところで折り、折った部分の内側にも外側にも絵を描く。

② 折った部分を広げると違う絵になるようにする。

(例)

2024 年度　慶應義塾幼稚舎　過去　無断複製／転載を禁ずる　　　　　　　　日本学習図書株式会社

① 右のように予め破線を引いた
画用紙に絵を描く。

② 破線に沿ってハサミで切る。

③ 切ったものをいったんバラバラにした後、
もう一度元のように並べる。

日本学習図書株式会社

スタート

☆国・私立小学校受験アンケート☆

ご記入日 令和　　年　　月　　日

※可能な範囲でご記入下さい。選択肢は〇で囲んで下さい。

〈小学校名〉＿＿＿＿＿＿＿＿＿＿＿　　〈お子さまの性別〉男・女　　〈誕生月〉＿＿月

〈その他の受験校〉（複数回答可）＿＿＿＿＿＿＿＿＿＿＿＿＿＿＿＿＿＿＿＿＿

〈受験日〉①：＿＿月＿＿日　〈時間〉＿＿時＿＿分　～　＿＿時＿＿分
　　　　　②：＿＿月＿＿日　〈時間〉＿＿時＿＿分　～　＿＿時＿＿分

Ｅメールによる情報提供

日本学習図書では、Ｅメールでも入試情報を募集しております。
　下記のアドレスに、アンケートの内容をご入力の上、メールをお送り下さい。

**ojuken@
nichigaku.jp**

〈受験者数〉男女計＿＿名　（男子＿＿名　女子＿＿名）

〈お子さまの服装〉＿＿＿＿＿＿＿＿＿＿＿＿＿＿＿＿＿＿＿＿

〈入試全体の流れ〉（記入例）準備体操→行動観察→ペーパーテスト
＿＿＿＿＿＿＿＿＿＿＿＿＿＿＿＿＿＿＿＿＿＿＿＿＿＿＿＿＿

●行動観察　（例）好きなおもちゃで遊ぶ・グループで協力するゲームなど

〈実施日〉＿＿月＿＿日　〈時間〉＿＿時＿＿分　～　＿＿時＿＿分　〈着替え〉□有 □無

〈出題方法〉□肉声 □録音 □その他（　　　　　）　〈お手本〉□有 □無

〈試験形態〉□個別 □集団（　　　人程度）　　　　〈会場図〉

〈内容〉

□自由遊び
＿＿＿＿＿＿＿＿＿＿＿＿＿＿＿＿＿＿＿

□グループ活動
＿＿＿＿＿＿＿＿＿＿＿＿＿＿＿＿＿＿＿

□その他
＿＿＿＿＿＿＿＿＿＿＿＿＿＿＿＿＿＿＿

●運動テスト（有・無）　（例）跳び箱・チームでの競争など

〈実施日〉＿＿月＿＿日　〈時間〉＿＿時＿＿分　～　＿＿時＿＿分　〈着替え〉□有 □無

〈出題方法〉□肉声 □録音 □その他（　　　　　）　〈お手本〉□有 □無

〈試験形態〉□個別 □集団（　　　人程度）　　　　〈会場図〉

〈内容〉

□サーキット運動
　□走り □跳び箱 □平均台 □ゴム跳び
　□マット運動 □ボール運動 □なわ跳び
　□クマ歩き

□グループ活動＿＿＿＿＿＿＿＿＿＿＿＿＿

□その他＿＿＿＿＿＿＿＿＿＿＿＿＿＿＿＿

　　　　　日本学習図書株式会社

●知能テスト・口頭試問

〈実施日〉＿＿月＿＿日 〈時間〉＿＿時＿＿分 ～ ＿＿時＿＿分 〈お手本〉□有 □無
〈出題方法〉 □肉声 □録音 □その他（　　　　　　　）〈問題数〉＿＿枚＿＿問

分野	方法	内　　　容	詳　細・イ　ラ　ス　ト
(例) お話の記憶	☑筆記 □口頭	動物たちが待ち合わせをする話	(あらすじ) 動物たちが待ち合わせをした。最初にウサギさんが来た。次にイヌくんが、その次にネコさんが来た。最後にタヌキくんが来た。 (問題・イラスト) 3番目に来た動物は誰か
お話の記憶	□筆記 □口頭		(あらすじ) (問題・イラスト)
図形	□筆記 □口頭		
言語	□筆記 □口頭		
常識	□筆記 □口頭		
数量	□筆記 □口頭		
推理	□筆記 □口頭		
その他	□筆記 □口頭		

日本学習図書株式会社

●制作 （例）ぬり絵・お絵かき・工作遊びなど

〈実施日〉＿＿月＿＿日 〈時間〉＿＿時＿＿分 ～ ＿＿時＿＿分

〈出題方法〉 □肉声 □録音 □その他（　　　　　　） 〈お手本〉 □有 □無

〈試験形態〉 □個別 □集団（　　　　人程度）

材料・道具	制作内容
□ハサミ	□切る □貼る □塗る □ちぎる □結ぶ □描く □その他（　　　）
□のり（□つぼ □液体 □スティック）	タイトル：＿＿＿＿＿＿＿＿＿＿＿＿＿＿＿
□セロハンテープ	
□鉛筆 □クレヨン（　色）	
□クーピーペン（　色）	
□サインペン（　色）□	
□画用紙（□A4 □B4 □A3	
□その他：　　　　）	
□折り紙 □新聞紙 □粘土	
□その他（　　　　　　）	

●面接

〈実施日〉＿＿月＿＿日 〈時間〉＿＿時＿＿分 ～ ＿＿時＿＿分 〈面接担当者〉＿＿＿名

〈試験形態〉 □志願者のみ（　　）名 □保護者のみ □親子同時 □親子別々

〈質問内容〉

□志望動機　□お子さまの様子

□家庭の教育方針

□志望校についての知識・理解

□その他（　　　　　　　　　　　　）

（　詳　細　）

・

・

・

・

※試験会場の様子をご記入下さい。

例
校長先生　教頭先生

㊅　㊒　㊍

出入口

●保護者作文・アンケートの提出（有・無）

〈提出日〉 □面接直前　□出願時　□志願者考査中　□その他（　　　　　　　）

〈下書き〉 □有　□無

〈アンケート内容〉

（記入例）当校を志望した理由はなんですか（150字）

日本学習図書株式会社

●説明会（□有　□無）〈開催日〉＿＿月＿＿日〈時間〉＿＿時＿＿分　〜　＿＿時＿＿分

〈上履き〉　□要　□不要　〈願書配布〉　□有　□無　〈校舎見学〉　□有　□無

〈ご感想〉

●参加された学校行事 （複数回答可）

公開授業〈開催日〉＿＿月＿＿日〈時間〉＿＿時＿＿分　〜　＿＿時＿＿分

運動会など〈開催日〉＿＿月＿＿日〈時間〉＿＿時＿＿分　〜　＿＿時＿＿分

学習発表会・音楽会など〈開催日〉＿＿月＿＿日〈時間〉＿＿時＿＿分　〜　＿＿時＿＿分

〈ご感想〉

※是非参加したほうがよいと感じた行事について

●受験を終えてのご感想、今後受験される方へのアドバイス

※対策学習（重点的に学習しておいた方がよい分野）、当日準備しておいたほうがよい物など

＊＊＊＊＊＊＊＊＊＊＊　ご記入ありがとうございました　＊＊＊＊＊＊＊＊＊＊＊

必要事項をご記入の上、ポストにご投函ください。

なお、本アンケートの送付期限は入試終了後3ヶ月とさせていただきます。また、入試に関する情報の記入量が当社の基準に満たない場合、謝礼の送付ができないことがございます。あらかじめご了承ください。

ご住所：〒＿＿＿＿＿＿＿＿＿＿＿＿＿＿＿＿＿＿＿＿＿＿＿＿＿＿＿＿＿＿＿＿＿＿＿

お名前：＿＿＿＿＿＿＿＿＿＿＿＿＿＿＿　メール：＿＿＿＿＿＿＿＿＿＿＿＿＿＿＿

ＴＥＬ：＿＿＿＿＿＿＿＿＿＿＿＿＿　ＦＡＸ：＿＿＿＿＿＿＿＿＿＿＿＿＿

アンケートのご記入
ありがとうございました

分野別 小学入試練習帳 ジュニアウォッチャー

No.	分野	内容
1.	点・線図形	小学校入試で出題頻度の高い「点・線図形」の模写を、難易度の低いものから段階別に、幅広く練習することができるように構成。
2.	座標	図形の位置模写という作業を、難易度の低いものから段階別に練習できるように構成。
3.	パズル	様々なパズルの問題を難易度の低いものから段階別に練習できるように構成。
4.	同図形探し	小学校入試で出題頻度の高い、同図形選びの問題を繰り返し練習できるように構成。
5.	回転・展開	図形などを回転、また展開したとき、形がどのように変化するかを学習するように構成。
6.	系列	数、図形などの様々な系列問題を、難易度の低いものから段階別に練習できるように構成。
7.	迷路	迷路の問題を繰り返し練習できるように構成。
8.	対称	対称に関する問題を4つのテーマに分類し、各テーマごとに練習できるように構成。
9.	合成	図形の合成に関する問題を、難易度の低いものから段階別に練習できるように構成。
10.	四方からの観察	もの（立体）を様々な角度から見て、どのように見えるかを推理する問題を段階別に構成。
11.	いろいろな仲間	ものや動物、植物の共通点を見つけ、分類していく問題を中心に構成。
12.	日常生活	日常生活における様々な問題を6つのテーマに分類し、各テーマごとに構成。
13.	時間の流れ	「時間」に着目し、様々なものごとは、時間が経過するとどのように変化するのかという「時間の流れ」を理解できるように構成。
14.	数える	様々なものを「数える」ことから、数の多少の判断や数えかたの基礎までを練習できるように構成。
15.	比較	比較に関する問題を5つのテーマ（数、高さ、長さ、重さ、量）に分類し、各テーマごとに練習できるように構成。
16.	積み木	数える対象を積み木に限定した問題集。
17.	言葉の音遊び	言葉の音に関する問題を5つのテーマに分類し、各テーマごとに問題を段階別に練習できるように構成。
18.	いろいろな言葉	表現力をより豊かにするために、いろいろな言葉を使った問題集。擬態語や擬声語、同音異義語、反意語、数詞を取り上げた問題集。
19.	お話の記憶	お話を聴いてその内容を記憶、理解し、設問に答える形式の問題集。
20.	見る記憶・聴く記憶	「見て憶える」「聴いて憶える」という『記憶』分野に特化した問題集。
21.	お話作り	いくつかの絵を元にしてお話を作る練習をして、想像力を養うことができるように構成。
22.	想像画	描かれている形や色を見て想像し、好きな絵を描くことにより、想像力を養うことができるように構成。
23.	切る・貼る・塗る	小学校入試で出題頻度の高い、はさみやのりなどを用いた巧緻性の問題を繰り返し練習できるように構成。
24.	絵画	小学校入試で出題頻度の高い、お絵かきやぬり絵などクレヨンやクーピーペンを用いた巧緻性の問題を繰り返し練習できるように構成。
25.	生活巧緻性	小学校入試で出題頻度の高い日常生活の様々な場面における巧緻性の問題集。
26.	文字・数字	ひらがなの清音、濁音、拗音、拗長音、促音と1～20までの数字に焦点を絞り、練習できるように構成。
27.	理科	小学校入試で出題頻度が高くなりつつある理科的な問題を集めた問題集。
28.	運動	出題頻度の高い運動問題を種目別に分けた問題集。
29.	行動観察	項目ごとに問題提起をし、「このような時はどうするか」、あるいは「どう対処するのか」の観点から自身を見つめ直す内容の問題集。
30.	生活習慣	学校から家庭での生活に役立つ問題と思って、一問一問絵を見ながら話し合い、考える形式の問題集。
31.	推理思考	数、量、言語、常識（含理科、一般）など、諸々のジャンルから問題を構成し、近年の小学校入試問題傾向に沿って構成する。
32.	ブラックボックス	箱や筒の中を通ると、どのようなお約束でどのように変化するかを推理・思考する問題集。
33.	シーソー	重さ比べをシーソーに乗せた時に、どちらがどれだけ傾くのか、またどうすれば釣り合うのかを思考する基礎的な問題集。
34.	季節	様々な行事や植物などを季節別に分類できるように知識をつける問題集。
35.	重ね図形	小学校入試で頻繁に出題されている「図形を重ね合わせてできる形」についての問題を集めました。
36.	同数発見	様々な物を数え、「同じ数」を発見し、数の多少の判断と数の認識の基礎を学べるように構成した問題集。
37.	選んで数える	数の学習の基本となる、いろいろなものの数を正しく数える学習を行う問題集。
38.	たし算・ひき算1	数字を使わず、たし算とひき算の基礎を身につけるための問題集。
39.	たし算・ひき算2	数字を使わず、たし算とひき算の基礎を身につけるための問題集。
40.	数を分ける	数を等しく分ける問題です。等しく分けたときに余りが出る場合のものもあります。
41.	数の構成	ある数がどのような数で構成されているかを学んでいきます。
42.	一対多の対応	一対一の対応から、一対多の対応まで、かけ算の考え方の基礎学習をしていきます。
43.	数のやりとり	あげたり、もらったり、数の変化をしっかりと学びます。
44.	見えない数	指定された条件から数を導き出します。
45.	図形分割	図形の分割に関する問題集。パズルや合成の分野にも通じる様々な問題を集めました。
46.	回転図形	「回転図形」に関する問題集。やさしい問題から始め、いくつかの代表的なパターンから、段階を踏んで学習できるように編集されています。
47.	座標の移動	「マス目の指示通りに移動する問題」と「指示された数だけ移動する問題」を収録。
48.	鏡図形	鏡で左右反転させた時の見え方を考えます。平面図形から立体図形、文字、絵まで。
49.	しりとり	すべての学習の基礎となる「言葉」を学ぶこと、特に「しりとり」に特化した問題集です。
50.	観覧車	観覧車やメリーゴーラウンドなどを舞台にした「回転系列」の問題集。「推理思考」分野の問題ですが、「数量」も含みます。
51.	運筆①	鉛筆の持ち方を学び、点・線からさらに発展し、お手本を見ながらの模写で、線を引く練習をします。
52.	運筆②	運筆の基礎から、「欠所補完」や「迷路」などより複雑な鉛筆運びを習得することを目指します。
53.	四方からの観察 積み木編	積み木を使用した「四方からの観察」に関する問題を練習できるように構成。
54.	図形の構成	見本の図形がどのような部分によって形づくられているかを考えます。
55.	理科②	理科的知識に関する問題を集中して練習する「常識」分野の問題集。
56.	マナー・ルール	道路や駅、公共の場でのマナー、安全や衛生に関する常識を学べるように構成。
57.	置き換え	さまざまな具体的・抽象的事象を数などの記号で表す「置き換え」の問題集。
58.	比較②	長さ・高さ・体積・数などを練習できるように構成。
59.	欠所補完	欠けた絵に当てはまるものを求めるなど、論理的に推測する「欠所補完」の問題集。
60.	言葉の音（おん）	しりとり、決まった順番の音をつなげるなど、「言葉の音」に関する問題を集めた練習問題集。

試験の特徴をおさえて、効果的な学習ステップをふみましょう。

＊当校の３つのポイント＊

1 コミュニケーション力を磨く

指示を聞き、理解することの大切さがノンペーパテストでは通常の試験より、さらに大きくなります。

2 集団行動は積極的に

２次試験は、行動観察や運動など、集団活動がメインです。大胆かつ積極的に取り組む力が必要です。

3 表現力を磨く

２次試験には、制作・絵画分野の課題がかならずあります。「時間内に個性を表現する力」を訓練しましょう。

分野	書　名	価格(税込)	注文	分野	書　名	価格(税込)	注文
巧緻性	Ｊｒ・ウォッチャー22「想像画」	1,650 円	冊		1話5分の読み聞かせお話集①②	1,980 円	各　冊
巧緻性	Ｊｒ・ウォッチャー23「切る・貼る・塗る」	1,650 円	冊		実践 ゆびさきトレーニング①②③	2,750 円	各　冊
巧緻性	Ｊｒ・ウォッチャー24「絵画」	1,650 円	冊		小学校受験で知っておくべき125のこと	2,860 円	冊
運動	Ｊｒ・ウォッチャー28「運動」	1,650 円	冊		新小学校受験の入試面接Q＆A	2,860 円	冊
観察	Ｊｒ・ウォッチャー29「行動観察」	1,650 円	冊		新 願書・アンケート文例集500	2,860 円	冊

合計	冊	円

（フリガナ）		電話	
氏　名		FAX	
		E-mail	
住　所 〒　　　－		以前にご注文されたことはございますか。	
		有　・　無	

★お近くの書店、または記載の電話・FAX・ホームページにてご注文をお受けしております。
　電話：03-5261-8951　FAX：03-5261-8953　代金は書籍合計金額＋送料がかかります。
　※なお、落丁・乱丁以外の理由による商品の返品・交換には応じかねます。
★ご記入頂いた個人に関する情報は、当社にて厳重に管理致します。なお、ご購入の商品発送の他に、当社発行の書籍案内、書籍に関する調査に使用させて頂く場合がございますので、予めご了承ください。

日本学習図書株式会社
http://www.nichigaku.jp